BEI GRIN MACHT SICH IHR WISSEN BEZAHLT

AF140285

- Wir veröffentlichen Ihre Hausarbeit,
  Bachelor- und Masterarbeit

- Ihr eigenes eBook und Buch -
  weltweit in allen wichtigen Shops

- Verdienen Sie an jedem Verkauf

Jetzt bei www.GRIN.com hochladen und kostenlos publizieren

Bibliografische Information der Deutschen Nationalbibliothek:

Die Deutsche Bibliothek verzeichnet diese Publikation in der Deutschen National-
bibliografie; detaillierte bibliografische Daten sind im Internet über http://dnb.d-
nb.de/ abrufbar.

Impressum:

Copyright © 2018 GRIN Verlag
Druck und Bindung: Books on Demand GmbH, Norderstedt Germany
ISBN: 9783668851375

Dieses Buch bei GRIN:

https://www.grin.com/document/452621

Andreas Nimmerfall

Agiles Software Engineering. Durchführung eines Projektes mit der agilen Methode Scrum

Fallstudie

GRIN Verlag

GRIN - Your knowledge has value

Der GRIN Verlag publiziert seit 1998 wissenschaftliche Arbeiten von Studenten, Hochschullehrern und anderen Akademikern als eBook und gedrucktes Buch. Die Verlagswebsite www.grin.com ist die ideale Plattform zur Veröffentlichung von Hausarbeiten, Abschlussarbeiten, wissenschaftlichen Aufsätzen, Dissertationen und Fachbüchern.

Besuchen Sie uns im Internet:

http://www.grin.com/

http://www.facebook.com/grincom

http://www.twitter.com/grin_com

Fallstudie

IUBH Internationale Hochschule GmbH

Studiengang: B.Sc. Wirtschaftsinformatik (Fernstudium)

Agiles Software Engineering (IWNF02)

Durchführung eines Projektes mit der agilen Methode Scrum

Andreas Nimmerfall

Abgabedatum: 22.08.2018

Gender Erklärung

Aus Gründen der leichteren Lesbarkeit wird in der vorliegenden Fallstudie die männliche Sprachform bei personenbezogenen Substantiven und Pronomen verwendet. Dies impliziert jedoch keine Benachteiligung des weiblichen Geschlechts, sondern soll im Sinne der sprachlichen Vereinfachung als geschlechtsneutral zu verstehen sein.

Inhaltsverzeichnis

Tabellenverzeichnis

Abbildungsverzeichnis

Abkürzungsverzeichnis

LuP-Test: Last- und Performance Tests

RC: Release Candidate

1 Einleitung

Diese Fallstudie entsteht im Rahmen des Bachelorstudiengangs Wirtschaftsinformatik im Kurs Agiles Softwareengineering. Das Thema ist die Einführung eines agilen Softwareentwicklungsprozesses nach der Methodik von Scrum in einem Unternehmen, das bisher nach dem Wasserfallmodell gearbeitet hat. Hierfür werden in dieser Arbeit die notwendigen Artefakte, Rollen, Meetings und Vorlagen erstellt und aus Sicht eines Scrum-Masters beschrieben, die benötigt werden um ein Projekt mit der agilen Vorgehensweise Scrum durchzuführen. Des Weiteren werden die für diesen Prozess benötigte Teamstruktur ausgearbeitet und beschrieben.

1.1 Aufgabenstellung, Zielsetzung, Rahmenbedingungen

Zielsetzung der Fallstudie ist es, einen kompletten Scrum-Prozess für ein Team zu beschreiben. Der erarbeitete Prozess soll ermöglichen, dass damit unmittelbar anschließend ein Projekt durchgeführt werden könnte, welches die beschriebenen Vorgehensweisen und Vorlagen produktiv einsetzt. Die Aufgabenstellung beinhaltet konkrete Vorgaben hinsichtlich der geplanten Projektdauer, Personalressourcen sowie einzelne Vorgaben für den Entwicklungsprozess.

1	3 Entwickler, davon 2 mit 100% Auslastung und 1 mit nur 80%
2	1 Sprint hat die Dauer von 14 Tagen.
3	Jeder Release Candidate (RC) wird sofort getestet.
4	Jeder Sprint beinhaltet die üblichen (automatisierten) Regressionstests, sowie Last- und Performance (LuP) Tests.
5	Das Projekt ist laut Planung nach Beenden des 10 Sprint abgeschlossen.
6	Das Team sitzt nicht räumlich getrennt und es sind keine Urlaube geplant.

Tabelle 1: Rahmenbedingungen / Projektvorgaben

2 Ressourcenplanung

Für die Dauer des Projekts stehen dem Scrum-Master folgende drei Entwickler uneingeschränkt mit folgenden Zeiten zur Verfügung:

Herr Müller (40-Std. Woche)

Herr Bauer (40-Std. Woche)

Frau Maier (32-Std. Woche, freitags abwesend)

2.1 Rollenplanung

Ein Scrum-Team besteht aus drei Rollen: ScrumMaster, Product Owner und das Team (Boris Gloger 2010). Diese Rollen werden im Folgenden erläutert und auf die Projektmitglieder der Fallstudie aufgeteilt.

Rolle	Person	Verantwortung
Scrum Master	Herr Nimmerfall	Der Scrum Master ist für die korrekte Umsetzung und Einhaltung des Scrum-Prozesses verantwortlich. In seiner Tätigkeit unterstützt er das Team, beseitigt Hindernisse und sorgt für den notwendigen Informationsfluss zwischen Team und Product Owner. Er ist „dafür verantwortlich, Hindernisse aus dem Weg zu räumen, die die Produktivität eines Teams beeinträchtigen könnten" (Rubin 2014, S. 227).
Product Owner	Herr Mustermann (Marketing)	Der Product Owner legt fest, „welche Eigenschaften und Funktionalitäten geschaffen werden sollen und in welcher Reihenfolge dies zu geschehen hat" (Rubin 2014, S. 49). Zu seinen Aufgaben gehört ebenfalls die Pflege des Product Backlogs. Dabei muss er dem Scrum Master und dem Entwicklungsteam immer zur Verfügung stehen, um Fragen so schnell wie möglich zu beantworten (Rubin 2014, S. 49)
Scrum Team	Herr Müller, Herr Bauer, Frau Maier	Das Team ist selbstorganisiert und entscheidet eigenständig, wie es seine Aufgaben erledigt (Sutherland, J. und Sutherland 2014, S. 44). Es bedient sich eigenständig an den Tasks im Sprint Backlog (Pull-Prinzip) und arbeitet diese entlang des Scrum Boards ab.

Tabelle 2: Rollenverteilung

2.2 Zeitplanung

Die Entwicklung erfolgt in 14-tägigen Entwicklungszyklen (Sprints). Dadurch ergeben sich folgende Kapazitäten:

Pro Sprint: 28 Personentage (2x5 Arbeitstage x zwei Personen, 2x4 Arbeitstage eine Person)

Gesamtprojekt: 280 Personentage (Personentage pro Sprint x Anzahl geplanter Sprints)

Für die Umsetzung aller offenen Anforderungen stehen also planmäßig 280 Personentage Entwicklungskapazität zur Verfügung. Diese Gesamtzeit kann sich jedoch durch ungeplante Tätigkeiten oder äußere Umstände wie beispielsweise Verwaltungstätigkeiten, dringende Supporttätigkeiten oder Krankheiten reduzieren. Außerdem sind gewisse Zeiten für Regelmeetings, die im Abschnitt 4 Meetings näher erklärt werden, vorgesehen.

Für die endgültige Planung wird demnach ein Puffer einbezogen, welcher diese nicht planbaren Zeiten abzubilden versucht und die tatsächlich für das Projekt zur Verfügung stehende Zeit realistischer wiederspiegeln soll. Als Faktor wird zu Beginn des Projekts der Wert 0,7 für den ersten Sprint festgelegt. Hierbei muss beachtet werden, dass am Ende jedes Sprints zu bewerten ist, ob der Puffer angemessen und ausreichend ist, oder ob dieser für zukünftige Planungen angepasst werden muss. Dabei können durchaus individuelle Abweichungen innerhalb des Teams bestehen. Aufgrund dieser Überlegungen ergeben sich folgende voraussichtliche Zeiten:

Pro Sprint: 28 PT x 0.7 (vorl. Puffer) = 19,6 PT

Gesamtprojekt: 280 PT x 0.7 (vorl. Puffer) = 196 PT

2.3 Projektplan

Zur Visualisierung der im vorherigen Abschnitt ermittelten Zeiten kann folgendes Schaubild helfen:

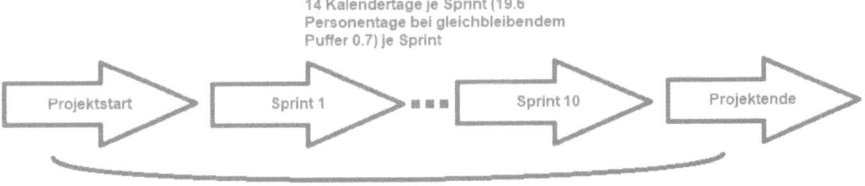

Abbildung 2-1: Darstellung Zeiten (eigene Darstellung)

Auf einen klassischen Projektplan sowie eine Meilensteinplanung wird an dieser Stelle verzichtet. Die daraus entspringenden Erkenntnisse sollen, durch die im folgenden Abschnitt vorgestellten Managementartefakte geliefert werden.

3 Managementartefakte

Zur Nachverfolgung und Visualisierung des Projektstatus, sowie dem Stand der aktuellen Tätigkeiten, werden die in den nachfolgenden Kapiteln erläuterten und von Scrum vorgesehenen Hilfsmittel wie folgt implementiert.

3.1 Product Backlog

Das Product Backlog ist eine priorisierte Liste mit allen gegenwärtig bekannten Anforderungen, die für das zu erstellende Produkt benötigt werden. Es liegt in der Verantwortung des Product Owners und ist unter anderem dadurch gekennzeichnet, dass es niemals vollständig ist. Es ist dynamisch und entwickelt sich mit dem Produkt und der Umgebung, in der es sich befindet. (Schwaber und Sutherland 2018). Dabei ist zu beachten, dass ebenfalls Arbeiten die zur Verbesserung des Prozesses oder zur Vermeidung oder dem Abbau von technischen Schulden notwendig sind, als Product Backlog Elemente aufgenommen werden. Anhand von kontinuierlichem Feedback der Stakeholder im Rahmen der später erläuterten Sprint Reviews, können neue Elemente entstehen, oder verfeinert werden. Ebenso können bereits erfasste Elemente entfernt werden. Diese Tätigkeiten zur Pflege werden häufig auch als „grooming" bezeichnet.

Für das umzusetzende Projekt sollen die Anforderungen in User-Storys formuliert werden und anhand einer Risiko-Wert-Matrix priorisiert werden. Die Vorlage zur Formulierung der User-Story gestaltet sich dabei wie folgt:

	A	B	C	D	E	F	G	H
1	ID	Als (Rolle 50)	Möchte ich (Feature 100)	Um (Ziel 100)	Akzeptanzkriterien	Priorität	Ersteller	Story Points
2	P52.001	Anwender	Mich am System Anmelden	Meine Emails einzusehen		1	Product Owner	
3	P52.002	Anwender				2		

Abbildung 3-1 Excel-Beispiel User Storys

Die Erfassung erfolgt vorerst in einer Excel Liste. In Zukunft soll dies jedoch im für das Scrum Board verwendete Tool Jira untergebracht werden.

Die Spalten ergeben sich dabei wie folgt:

ID = Eine projektspezifische ID, die es erlaubt die Anforderung eindeutig zu identifizieren.

Als (Rolle) = Die Person bzw. Rolle, für die eine bestimmte Funktionalität geschaffen werden soll. Die Rollen der Anwender sollten dabei vorab identifiziert werden.

Möchte ich (Feature) = Eine kurze Beschreibung der erwarteten Funktionalität bzw. des Features. Diese Spalte ist auf 100 Zeichen begrenzt, um die kurze Darstellung als möglichst granulare User-Story zu fördern.

Um (Ziel) = Der Grund, warum diese Funktionalität benötigt wird. Welcher Zweck wird damit verfolgt? Auch hier besteht eine Begrenzung auf 100 Zeichen um bei der Formulierung schon dazu gezwungen zu werden, sich auf das wesentliche zu konzentrieren.

Akzeptanzkriterien = Wann erachtet der Anwender diese Anforderung als erfüllt, bzw. welche Eigenschaften sind für die Abnahme mindestens notwendig.

Priorität = Wie wichtig ist diese Anforderung? Hier wird der durch die Risiko-Wert-Matrix ermittelte Wert in eine Priorität umgerechnet. Dies ist der wesentliche Indikator wann diese Story umgesetzt werden sollte.

Ersteller = Von wem wurde die Funktionalität gewünscht? In diesem Projekt werden die User Storys ausschließlich vom Product Owner Hr. Mustermann erfasst. Hier sollte die Person vermerkt werden, welche ausschlaggebend für diese Erfassung war, um für ggf. auftretende Rückfragen einen Ansprechpartner benennen zu können.

Story Points = In dieser Spalte kann der Product Owner vorab eine Schätzung eintragen. Die abschließende Anzahl an Story Points wird jedoch von den Entwicklern im Rahmen der Sprint Planung vergeben.

3.2 Sprint Backlog

Das Sprint Backlog beinhaltet diejenigen User Storys, die im Rahmen der Sprint Planung dem jeweiligen Sprint zugewiesen werden um das geplante Sprint Ziel zu erreichen. Dabei wird für jedes übernommene Element eine Zeitschätzung durch die Entwickler durchgeführt. Das Sprint Backlog kann nur durch das Entwicklungsteam verändert werden. Durch die kontinuierliche Aktualisierung der Restarbeitszeiten, liefert es ein gutes Echtzeitbild der im Sprint zu erledigenden Arbeiten. Das Team verfolgt und managt den Fortschritt dabei während den Daily Scrum Meetings (Schwaber & Sutherland, J. 2018).

Bei der Übernahme der Product Backlog Elemente in das Sprint Backlog, werden diese in das Tool Jira übernommen. Ein exemplarisches Sprint Backlog sollte wie folgt aussehen:

Abbildung 3-2: Beispiel für ein Sprint Backlog (kostenlose Testversion von https://de.atlassian.com/software/jira)

Ein Sprint Backlog Element wird dabei auf folgende Eingabemaske angelegt:

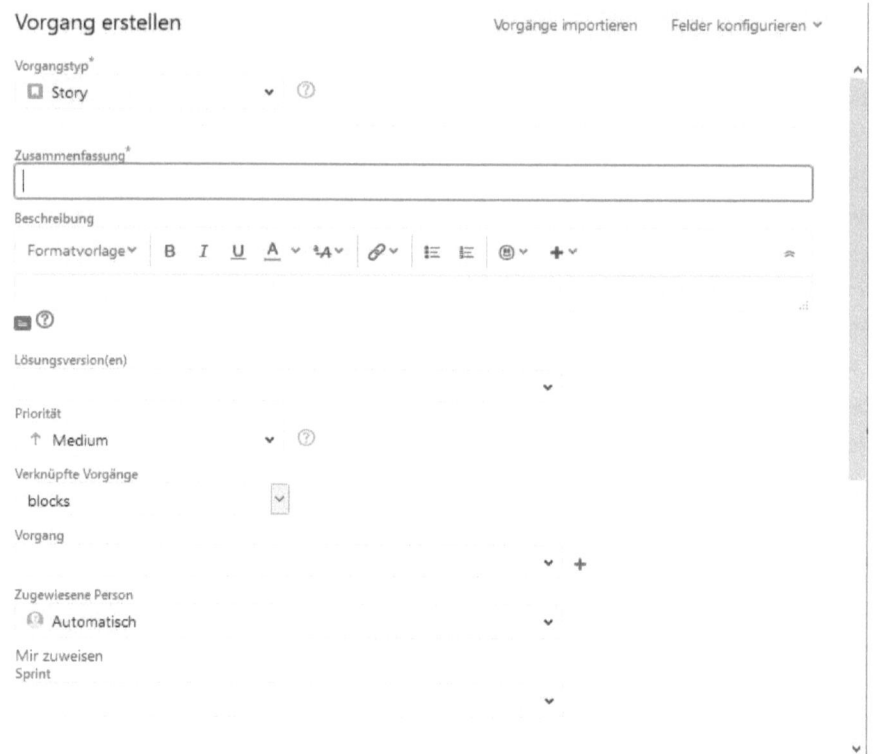

Abbildung 3-3: Beispiel für ein Sprint Backlog Element (kostenlose Testversion von https://de.atlassian.com/software/jira)

Dazu ist es notwendig die weitestgehend selbsterklärenden Felder auszufüllen. Das Feld „Verknüpfte Vorgänge" gibt die Möglichkeit Beziehungen zwischen zwei Elementen abzubilden, falls diese sich beispielsweise gegenseitig blockieren oder beeinflussen. Außerdem erfolgt eine Zuweisung zu dem Sprint, in dem das Element erledigt werden soll, sowie eine „Lösungsversion" mit der die Funktionalität ausgeliefert wird.

3.3 Burn Down Chart

Bei dem Burn Down Chart handelt es sich um ein Diagramm, dass den aktuellen Arbeitsfortschritt visualisiert. Dies kann unter anderem dazu genutzt werden, die Stakeholder über den aktuellen Stand zu unterrichten. Dabei wird beispielsweise die Anzahl an Aufgaben oder der Story Points ins Verhältnis zu einer Zeitachse gesetzt. Das Dies führt zu folgender Darstellung:

P052 Board / Berichte

Burndown-Diagramm

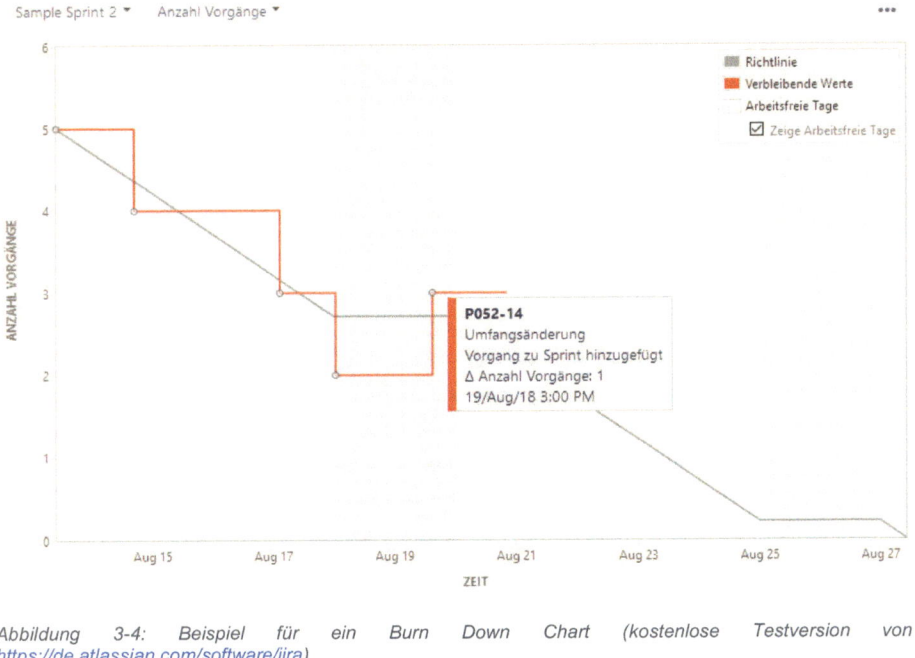

Abbildung 3-4: Beispiel für ein Burn Down Chart (kostenlose Testversion von https://de.atlassian.com/software/jira)

Dabei wird ein Vorgang immer dann „verbrannt", wenn dieser erledigt ist. Dies führt im Optimalfall dazu, dass die hier rote dargestellte Linie zum Ende des Sprints bei 0 angelangt ist. Die graue Linie bildet eine Ideallinie.

Wird der Sprint Umfang geändert, ist dies ebenfalls anhand der roten Linie erkennbar.

3.4 Scrum Board

Das Scrum Board ist eines der wichtigsten Werkzeuge des Entwicklungsteams. Es stellt detailliert dar, in welchem Status sich ein Arbeitsauftrag befindet. Dabei wird für dieses Projekt zunächst mit den drei Spalten „Aufgaben", „in Entwicklung" und „Fertig" gearbeitet. Für die Spalte „in Entwicklung" wurde die Festlegung getroffen, dass sich maximal 3 Elemente parallel in diesem Zustand befinden dürfen. So soll sichergestellt sein, dass ein Entwickler immer nur eine Aufgabe zur gleichen Zeit erledigt. Das zu verwendende Scrum Board gestaltet sich wie folgt:

Abbildung 3-5 Beispiel für ein Scrum Board (kostenlose Testversion von https://de.atlassian.com/software/jira)

Dabei wird das Board von jedem Entwickler in Echtzeit gepflegt. Sobald ein Vorgang erledigt wurde, wird dieser in den Bereich „Fertig" verschoben und es kann ein neuer Vorgang aus den offenen Aufgaben gepullt werden. Dies ermöglicht im Rahmen des Daily Scrums ebenfalls eine Nachverfolgung der Auslastung des Entwicklungsteams. Außerdem kann es ein Hinweis auf einen Störfaktor sein, wenn Vorgänge über einen längeren Zeitraum in einer Spalte verweilen.

4 Meetings

In einem agilen Entwicklungsprozess nach Scrum sind die untenstehenden Meetings obligatorisch. Sie sollen einen reibungslosen Ablauf gewähren und erfüllt für die Projektbeteiligten eine Berichts- und Steuerungsfunktion. Bei der Organisation der Meetings muss darauf geachtet werden, dass die zur Durchführung benötigten Personen verfügbar sind. Es gilt also zu beachten, dass Frau Maier freitags abwesend ist.

4.1 Sprint Planung

Teilnehmer: Product Owner, Scrum Master, Team

Rhythmus: 14-tägig -> Jeden zweiten Mittwoch

Dauer: 3 Stunden

Im Rahmen dieses Meetings erfolgt die Bewertung und Übernahme der priorisierten Anforderungen aus dem Product Backlog in das Sprint Backlog. Das Team einigt sich gemeinsam mit dem Product Owner auf ein Ziel bzw. ein Set von Funktionalitäten, welches bis zum Ende des Sprints erreicht werden soll. Hierbei ist zu beachten, dass die verfügbare Velocity des Sprints nicht überschritten wird. Dafür ist eine Schätzung der Aufwände zu den einzelnen Anforderungen notwendig. Die Entwickler schätzen im Rahmen des Meetings jede Anforderung und weisen ihr einen Wert an

Punkten als „Story-Points" zu. Der Einfachheit halber, wird festgelegt, dass ein Story-Point einer Stunde Arbeitszeit entspricht. Die Velocity des Sprints beträgt demnach:

Velocity = 19.6 (PT inkl. Faktor pro Sprint) x 8 (Stunden pro Tag) = 156.8 Stunden / Story-Points

Die Bewertung durch die Entwickler erfolgt auf deren Einschätzung als Experten. Sollten sich die Entwickler uneinig über den erwarteten Aufwand sein, kann mittels Planning Poker Einigkeit erzielt werden.

Dabei sei vorgegeben, dass Anforderungen die mehr als 15 Story-Points erhalten, in kleinere Anforderungen formuliert werden sollen, bevor diese in das Sprint Backlog übernommen werden.

Diese Festlegung erfolgt mit dem Ziel, dass eine Funktion im längsten Fall zwei Tage zur Implementierung benötigt.

Da im Rahmen dieser Fallstudie kein expliziter Sprint zur Vermeidung bzw. Behebung von technischen Schulden geplant ist, sind diesbezügliche Tätigkeiten im Rahmen der Sprint Planung in jedem Sprint zu berücksichtigen. Dafür wird ein fester Anteil von 15 Story-Points reserviert.

4.2 Daily Scrum

Teilnehmer: Scrum Master, Team

Rhythmus: Täglich

Dauer: 10 Minuten

Dieses tägliche Meeting zwischen dem Entwicklungsteam und dem Scrum Master, welcher eine moderierende Rolle einnimmt, dient als Statusbericht über die aktuellen Tätigkeiten. Jedoch soll das Meeting so kurz und knapp wie möglich abgehalten werden, sodass von jedem Teilnehmer lediglich folgende drei Fragen beantwortet werden:

1. Was habe ich seit dem letzten Daily Scrum erreicht?
2. Woran möchte ich bis zum nächsten Daily Scrum arbeiten?
3. Welche Hindernisse / Hürden halten mich auf?
(Rubin 2014, S. 58)

Zur Einhaltung der zeitlichen Vorgaben sei die Festlegung getroffen, dass das Meeting im Stehen erfolgt und ein striktes Timeboxing durch den Scrum Master erfolgt.

Trotz der Abwesenheit von Frau Maier an Freitagen, findet dieses Meeting an jedem Wochentag statt.

4.3 Sprint Review

Teilnehmer: Product Owner, Scrum Master, Team, ggf. weitere Stakeholder

Rhythmus: 14-tägig -> Jeden zweiten Mittwoch

Dauer: 2 Stunden

Am Ende jedes Sprints findet ein Sprint Review statt. Dabei werden die im vergangenen Entwicklungszyklus geschaffenen Funktionen anhand einer aktuell erstellten Vorabversion des Programms (RC) gezeigt. Ziel ist die Überprüfung der fertiggestellten Artefakte. Stakeholder können zu diesem Zeitpunkt die weitere Entwicklung beeinflussen und werden auf den aktuellen Stand der Entwicklungsarbeit gebracht. Das Scrum-Team kann durch das gewonnene Feedback ein tieferes Verständnis für die Geschäfts- und Marketingseite des Produkts gewinnen, sowie die Bestätigung erhalten, dass sich das Produkt den Vorstellungen des Kunden annähert (Rubin 2014, S. 60).

Im Rahmen der Erstellung des RC für dieses Meeting, werden ebenfalls die automatisierten Regressionstests, sowie LuP durchlaufen. Sollten Dabei Probleme auftauchen, werden diese erfasst und dem Product Backlog zugeführt.

4.4 Retrospektive

Teilnehmer: Product Owner, Scrum Master, Team

Rhythmus: 14-tägig -> Jeden zweiten Mittwoch

Dauer: 1 Stunde

Das Sprint Review findet am Ende jedes Sprints statt. Hierbei soll in einer vertrauensvollen Atmosphäre besprochen werden, was im Prozess vergangenen Sprint gut gelaufen ist und was nicht. Außerdem wird erarbeitet, welche Verbesserungen am Prozess für den nächsten Sprint vorgenommen werden können (Sutherland, J. und Sutherland 2014, S. 238). Dazu gehört unter anderem die Überprüfung und Anpassung des Faktors für den einberechneten Puffer. Diese Veränderungen sollten mit hoher Priorität dem Product Backlog zugeführt werden, damit diese Prozessverbesserungen möglichst schnell ihre Wirkung entfalten können.

5 Fazit

Die im Rahmen dieser Fallstudie erarbeiten Vorlagen zur Gestaltung eines agilen Entwicklungsprozesses nach Scrum, können sofort für ein neues Projekt eingesetzt werden. Dabei ist es wichtig, dass auch die am Projekt beteiligten Personen die agile Ideologie verinnerlichen. Dabei sollte den beteiligten Personen bewusstwerden, dass diese Vorlagen keineswegs unverändert bleiben sollten. Wann immer das Team der Meinung ist, dass Anpassungen an den Vorlagen, den verwendeten Tools oder dem Prozess als solches notwendig sind, sollten diese

Verbesserungen als Tätigkeiten in das Product Backlog aufgenommen werden und schnellstmöglich umgesetzt werden. Gleiches gilt für die Organisation und Inhalte der Meetings.

Auch wenn der hier beschriebene Prozess nach Scrum einfach gehalten und jederzeit umsetzbar ist, sollten nach dem Motto „Individuals and interactions over processes and tools" (*Manifesto for Agile Software Development* 2016) die erarbeiteten Arbeitsabläufe nach den Bedürfnissen der damit arbeitenden Individuen angepasst werden. Besonders die Erkenntnisse aus den Retrospektiven sind dabei die wichtigsten und mächtigsten Instrumente um den Prozess kontinuierlich zu Verbessern. Dieses häufige und schnelle lernen durch kurze Feedbackzyklen ist eine der größten Stärken aller agilen Vorgehensweisen. Scrum fördert dies durch die feste Implementierung derartiger Meetings. Wenn sich ein Team vorbehaltlos auf diese Vorgehensweisen einlässt, ist der Umstieg aus klassischen Prozessen wie dem Wasserfallmodell auf jeden Fall zu bewältigen.

Glossar

Planning Poker: Es handelt sich dabei um eine spielerische Aktivität bei der mittels Spielkarten, die unterschiedliche Aufwände in Form von Zahlenwerten symbolisieren, Aufwandsschätzungen für eine Aktivität abgegeben werden. Dabei gibt jeder Teilnehmer eine Schätzung ab. Nachdem der Spieler mit dem maximalen sowie der Spieler mit dem minimalen Aufwand ihre Standpunkte erläutert haben, bekommen alle Spieler erneut die Chance die Aktivität zu schätzen. Dies geschieht i.d.R. so lange bis Einigkeit erzielt wird. Sollten sich die Teilnehmer nicht auf einen Wert einigen können, gewinnt im Zweifel der höchste Wert. Planning Poker wird gelegentlich auch als Scrum Poker bezeichnet.

Pull-Prinzip: Aufgaben werden vom Team aktiv angenommen (gepullt) sobald entsprechende Kapazitäten verfügbar sind. Dies vermeidet Über- bzw. Unterlastung der Teams und ermöglicht einen kontinuierlichen Durchfluss von Aufgaben (Roock und Wolf 2015, S. 30–31)

Risiko-Wert-Matrix: Mit Hilfe Risiko-Wert-Matrix können Anforderungen in eine Reihenfolge gebracht werden. Dabei wird der Wert (Kundennutzen) bei Umsetzung zum Risiko (für das Projekt) bei nicht Umsetzung ins Verhältnis gesetzt.

Technische Schulden: Bewusste und unbewusste falsche bzw. suboptimale technische Entscheidungen bezüglich der Softwarearchitektur oder konkreten Implementierung. Diese Entscheidungen können zu einem späteren Zeitpunkt zu Mehraufwand bei Wartung und Erweiterungen führen (Lilienthal 2017, S. 4).

Time-Boxing: „Eine Time-Box ist ein Zeitabschnitt, der nicht überschritten werden darf und in dessen Grenzen Meetings oder Entwicklungs-Inkremente ablaufen" (Scrum-Master.de).

User Stories: User Stories sind ein agiles Werkzeug und beschreiben eine sogenannte Anwendergeschichte, die eine Anforderung aus Sicht eines Kunden an einem Softwaresystem darstellt.

Velocity: Beschreibt eine Messgröße, welche eine Aussage darüber trifft, wie viel Arbeit in einem definierten Zeitraum erledigt werden kann. So wird beispielsweise jedem Scrum Sprint eine gewisse maximal zu verplanende Anzahl an Story-Points zugewiesen. Diese Anzahl bildet dann die Velocity.

Literaturverzeichnis

Boris Gloger (2010): *Scrum* (URL: https://gi.de/informatiklexikon/scrum/ [letzter Zugriff: 19.08.2018]).

Lilienthal, C. (2017): *Langlebige Softwarearchitekturen. Technische Schulden analysieren, begrenzen und abbauen* (2., überarbeitete und erweiterte Auflage). Heidelberg: dpunkt.verlag.

(2016): *Manifesto for Agile Software Development* (URL: http://agilemanifesto.org/ [letzter Zugriff: 20.08.2018].

Roock, S./Wolf, H. (2015): *Scrum - verstehen und erfolgreich einsetzen*. Heidelberg: dpunkt.verlag.

Rubin, K. S. (2014): *Essential Scrum. Umfassendes Scrum-Wissen aus der Praxis* (1. Aufl.). Heidelberg: mitp Verl.-Gruppe Hüthig Jehle Rehm.

Schwaber, K./Sutherland, J. (2018): *The Scrum Guide™* (URL: https://www.scrumguides.org/scrum-guide.html#artifacts-productbacklog [letzter Zugriff: 19.08.2018]).

Scrum-Master.de: *Time-Boxing* (URL: http://scrum-master.de/Scrum-Meetings/Time-Boxing [letzter Zugriff: 19.08.2018]).

Sutherland, J./Sutherland, J. J. (2014): *Scrum. The art of doing twice the work in half the time* (1. ed.). New York NY: Crown Business.